UNE FAUSSE

JEANNE D'ARC

PAR

A. LECOY DE LA MARCHE

ARCHIVISTE AUX ARCHIVES NATIONALES
LAURÉAT DE L'INSTITUT

(Extrait de la *Revue des questions historiques*.)

PARIS

LIBRAIRIE DE VICTOR PALMÉ, ÉDITEUR

Rue de Grenelle-Saint-Germain, 25

1871

UNE FAUSSE

JEANNE D'ARC

PAR

A. LECOY DE LA MARCHE

ARCHIVISTE AUX ARCHIVES NATIONALES
LAURÉAT DE L'INSTITUT

(Extrait de la *Revue des questions historiques*.)

PARIS

LIBRAIRIE DE VICTOR PALMÉ, ÉDITEUR

Rue de Grenelle-Saint-Germain, 25

1871

TIRÉ A 50 EXEMPLAIRES

UNE

FAUSSE JEANNE D'ARC

Si tout ce qui touche, de près ou de loin, à l'héroïque Pucelle inspire en temps ordinaire un vif intérêt, il semble que cette attraction grandisse en des jours troublés comme les nôtres, et que les yeux se reportent avec une admiration plus pieuse sur la grande figure dont, hier encore, nous rêvions la réapparition. C'est donc une bonne fortune que d'avoir à signaler un document nouveau se rattachant à son histoire. Et l'on ne saurait nier que les fausses Jeanne d'Arc, aussi bien que les faux Louis XVII et tous les autres usurpateurs du même genre, appartiennent indirectement à l'histoire du personnage authentique : n'y a-t-il pas, en effet, dans l'imposture qui s'affuble d'un nom glorieux, et dans la crédulité populaire qui la fomente en l'accueillant, un hommage involontaire envers le héros ainsi supplanté, un témoignage de l'opinion contemporaine sur son compte ?

A première vue, l'on s'explique difficilement comment, après le supplice si éclatant de Jeanne d'Arc, une femme, une jeune fille put avoir l'audace d'essayer de se faire passer pour elle, et, chose plus étrange, y réussir. Le fait se produisit pourtant, et, paraît-il, à plusieurs reprises. Mais je n'ai à parler ici que de la principale de ces criminelles tentatives, et je vais d'abord en présenter le récit d'après les textes recueillis jusqu'à ce jour, notamment par deux de mes savants maîtres, MM. Jules Quicherat et Vallet (de Viriville)[1].

A peine le bûcher de Rouen était-il éteint, que l'imagination populaire, vivement frappée par les exploits surnaturels de la victime, se donna carrière, et prépara, pour ainsi dire, le terrain aux supercheries. Les princes et les grands oubliaient déjà; mais le peuple restait sous le charme, et, sans en avoir conscience, commençait à remplacer l'histoire par la légende. Une longue et douloureuse passion avait prématurément ravi à la France sa libératrice. La mission de Jeanne ne semblait pas entièrement remplie, car l'Anglais était encore là et gardait Paris : on attendait d'elle de nouveaux et suprêmes triomphes. Les circonstances rappelaient trop la vie et la mort de Jésus-Christ pour que les esprits pieux n'espérassent point voir aller jusqu'au bout la similitude. Une résurrection était dans l'ordre des choses; la moralité du dénouement paraissait l'exiger : nous verrons, en effet, que ce miracle fut raconté et cru sérieusement. Bien des gens, sous l'influence des mêmes regrets, du même désir, adoptèrent une version moins merveilleuse, celle d'une supposition de victime faite au moment du supplice. Une chronique tout à fait contemporaine mentionne les doutes répandus de bonne heure à ce sujet, et l'auteur (un normand) s'abstient prudemment de se prononcer sur un point aussi controversé : « Finablement la firent ardre publiquement, *ou aultre femme en semblable d'elle ; de quoy moult de gens ont été et encore sont de diverses oppinions* [2]. »

On sera peut-être tenté de croire que ces paroles avaient pour but d'atténuer l'effet du crime des Anglais, en jetant l'incertitude sur sa consommation réelle. Mais non; le chroniqueur est un partisan de Charles VII et un admirateur de la Pucelle, comme on peut s'en convaincre par la lecture du contexte. Ainsi donc, que la légende naissante fît de Jeanne une sainte ressuscitée ou

---

[1] *Procès de condamnation et de réhabilitation de Jeanne d'Arc*, t. V, p. 321-336 ; *Histoire de Charles VII*, t. II, p. 366-370 et 458. M. Wallon, dans son excellent ouvrage intitulé *Jeanne d'Arc*, a aussi utilisé une partie de ces documents (t. II, p. 296-299 et 447-451).

[2] Ms. du British Museum, n° 11542, analysé dans la *Bibliothèque de l'École des Chartes*, deuxième série, t. III, p. 116. Cf. l'extrait du *Journal de Paris* reproduit dans le *Procès de Jeanne d'Arc*, t. V, p. 334. « Y avoit donc maintes personnes... qui croyoient fermement que, par sa saincteté, elle se feust eschappée du feu et qu'on eust arse une autre, cuidant que ce feust elle. »

une nouvelle Iphigénie, la tendance des esprits était la même. Suivant la remarque de M. Vallet [1], la bergère de Domremy partageait le privilège de tous les héros, depuis le roi Arthur jusqu'à Napoléon : elle devait vivre malgré tout, et elle allait reparaître.

Elle reparut bientôt. Le 20 mai 1436, à la Grange-aux-Ormes, près du bourg de Saint-Privat, situé à une lieue de Metz, on amenait une jeune fille qui se donnait pour « la Pucelle de France, » et demandait à parler à plusieurs seigneurs de la ville réunis en ce lieu. Aucun document n'indique d'où elle venait, qui elle était, qui l'amenait. Le doyen de Saint-Thibaud, en rapportant cette première manifestation [2], dit seulement que l'inconnue se faisait appeler Claude. Mais, comme il croyait alors que c'était effectivement « la Pucelle Jehanne, » il est naturel qu'il ait tenu son nom de Claude pour emprunté : il est probable que c'était, au contraire, son véritable nom, et qu'elle usurpa dès lors celui de Jeanne, comme le voulait son rôle. Ce dernier lui est attribué, d'ailleurs, par tous les autres textes; on peut donc le lui laisser ici.

Son âge paraissait se rapporter parfaitement à celui de la vraie Jeanne. Elle était, comme elle, brune [3], vive, énergique, et la ressemblance était assez grande, sous son costume d'homme, pour que l'illusion fût complète. Nicolas Lowe, Albert Boullay, Nicolas Grongnot et les autres personnages

---

[1] *Bibl. de l'École des Chartes*, loc. cit.

[2] Il existe deux rédactions du récit de cet annaliste. Dans la première, écrite vers 1445, éditée par D. Calmet (*Hist. de Lorraine*, preuves du tome II, col. cc), l'auteur paraît dupe de l'imposture; la seconde, qui existe dans les mss. de Dupuy (vol. 630), et qui est sans doute postérieure, exprime l'opinion contraire, c'est-à-dire la vraie. Cette deuxième version a été ignorée de D. Calmet et de ses contemporains. M. Quicherat a publié l'une et l'autre (*Procès*, t. V, p. 321-324). Philippe de Vigneulles, chroniqueur messin du commencement du xvie siècle, semble avoir connu également les deux; car, en abrégeant le doyen de Saint-Thibaud, il rapporte le fait et le traite de supercherie (Huguenin, *Chroniques messines*, p. 198; *Procès*, t. V, p. 324, note).

[3] Ce détail de la constitution physique de Jeanne d'Arc est attesté par une preuve matérielle : c'est un cheveu passé, suivant un ancien usage, dans la cire qui scellait une de ses lettres authentiques, et conservé jusqu'à nos jours avec sa couleur noire (Archives municipales de Riom; Quicherat, *Procès*, t. V, p. 147). Il y a là non-seulement un renseignement précieux pour les artistes, mais peut-être un argument à opposer aux physiologistes qui prétendent que Jeanne était prédisposée par la nature à la rêverie et aux visions, caractère ordinairement opposé (chez nous du moins) au tempérament des personnes brunes.

présents l'équipèrent à leurs frais en lui donnant un cheval de trente francs, une paire de chaussures dites *houzels*, un chaperon, une épée. Elle sauta très-habilement sur le cheval, prononça quelques paroles qui achevèrent de convaincre l'assistance, et fut positivement reconnue pour la Pucelle par plusieurs écuyers ou enseignes qui s'étaient trouvés à Reims au sacre du roi Charles. Un ou deux sceptiques voulurent alléguer que l'héroïne avait été brûlée à Rouen : elle leur ferma la bouche par des paraboles. A ceux qui la questionnaient sur ses projets, elle répondait avec adresse, sans dire ni blanc ni noir, « ni fuer ne ans. » Si on la mettait au pied du mur en lui demandant quelqu'une de ces merveilles familières à Jeanne, elle prétendait que sa puissance ne lui serait pas rendue avant la Saint-Jean-Baptiste.

Jusque-là, rien de bien extraordinaire. Les chevaliers lorrains pouvaient, à la rigueur, n'avoir conservé qu'un souvenir assez vague de l'extérieur de la Pucelle, qui était demeurée complétement inconnue avant son départ du pays et n'y était pas revenue. Mais voici où toute explication devient impossible. Les deux frères d'Arc ou du Lys, Pierre et Petit-Jean, créés depuis peu, l'un chevalier, l'autre écuyer, sont avertis de ce qui se passe, et arrivent le même jour, 20 mai, à la Grange-aux-Ormes. Ils gardaient encore la conviction que Jeanne avait été brûlée. On les confronte avec l'aventurière : aussitôt elle les reconnaît, et ils reconnaissent *leur sœur!* Le lendemain, ils l'emmènent avec eux à un village appelé Bacquillon, et elle y reste jusqu'aux fêtes de la Pentecôte, c'est-à-dire environ une semaine.

Là, sans doute, furent combinées des démarches communes dont nous allons voir se dérouler les résultats. Les deux frères étaient-ils dupes ou complices ? Dilemme pénible à poser, et d'ailleurs insoluble. Hâtons-nous de dire que leur conduite, en d'autres circonstances, répugne à l'idée d'une fourberie, et que la simplicité naturelle à leur condition première devrait plutôt faire admettre une méprise, quelque énorme qu'elle puisse paraître.

Mais, dira-t-on, ces détails sont-ils tous authentiques, et faut-il ajouter une foi absolue au récit d'un chroniqueur qui s'est laissé duper tout le premier, pour revenir un peu plus tard sur son opinion ? — Le doyen de Saint-Thibaud de Metz écrivait sur les lieux, au moment même des événements. Il est vrai qu'il a cru à la prétendue Pucelle, et qu'ensuite il a rectifié ou que l'on a rectifié pour lui son erreur ; mais sa dernière version ne modifie en rien le rôle des frères de Jeanne, et ce rôle, du reste, va se trouver confirmé tout à l'heure, en ce qui concerne le plus jeune d'entre eux, par des actes officiels, des comptes municipaux.

A la fin de mai, la fausse Jeanne se rend à Marville ou Mairville [1], où elle passe environ trois semaines chez « un bon homme appelé Jehan Cugnot. » Les habitants de Metz s'y portent en foule pour la voir, et sont mystifiés comme les autres. Un seigneur de la contrée lui offre encore un cheval. Puis elle s'en va en pèlerinage à Notre-Dame-de-Liesse, et de là gagne la ville d'Arlon, au duché de Luxembourg. Sa renommée l'avait précédée dans ce pays. La duchesse de Luxembourg, Elisabeth de Gorlitz, l'accueille avec joie et ne veut plus la quitter. Le jeune comte de Wurtemberg, Ulrich, s'enthousiasme d'elle, se constitue son protecteur, lui fait faire une magnifique cuirasse et la conduit à Cologne.

Ici, un témoin oculaire nous apporte l'appui de sa parole. Son opinion, consignée dès l'année suivante dans le *Formicarium* de Jean Nider, qui l'avait recueillie de sa bouche [2], est beaucoup moins favorable à l'audacieuse fille. C'est que ce personnage, nommé Henri Kaltyser ou Kalt-Eysen, était un professeur émérite de théologie, un inquisiteur clairvoyant, habitué à démêler les impostures et les jongleries [3]. Il ne crut pas un moment à celle-ci ; et d'ailleurs Jeanne, étourdie par ses premiers succès, entraînée par la société des chevaliers et des gens d'armes, commençait à négliger son rôle. On la rencontrait, dit l'auteur en question, dansant librement avec des hommes, mangeant et buvant plus

---

[1] Cette localité serait aujourd'hui Marieulle, entre Corny et Pont-à-Mousson, d'après D. Calmet (*Hist. de Lorraine*, t. II, p. 702). Cependant l'on trouve aussi, dans le voisinage de Metz et de la Grange-aux-Ormes, le village de Morville-sur-Seille, dont le nom se rapprocherait davantage de celui que donne le chroniqueur.
[2] Quicherat, *Procès*, t. IV, p. 502 ; t. V, p. 324.
[3] Échard et Quétif racontent sa vie, mais sont muets sur le fait qui suit. Kalt-Eysen exerçait, en 1424, les fonctions d'inquisiteur général à Mayence. Il mourut, en 1465, archevêque de Trontheim en Norwège (*Scriptores ord. Præd.*, t. I, p. 828).

que ne le permettait son sexe, « dont elle ne faisait pas mystère [1]. »

Elle se vantait bien haut d'être la Pucelle ressuscitée, et prétendait introniser sur le siége archiépiscopal de Trèves un des deux prétendants qui se le disputaient [2], comme elle avait précédemment assis sur le trône de France le roi légitime. A son arrivée dans la ville de Cologne, avec le comte de Wurtemberg, elle trouve le moyen d'opérer des prodiges : on répète partout qu'elle a déchiré en deux une pièce d'étoffe et l'a remise aussitôt dans l'état primitif, qu'elle a brisé une vitre contre la muraille et l'a réparée instantanément. Kalt-Eysen survient et remplit immédiatement son office : il ouvre une enquête, il cite la magicienne à son tribunal. Mais celle-ci refuse de se soumettre aux ordres de l'Église. Elle est excommuniée et va être jetée en prison, lorsque le comte, son protecteur, l'enlève à temps et la ramène à Arlon [3].

Malgré cette escapade, elle se fit épouser là par un chevalier de noble lignée, messire Robert des Armoises. Je ne sais si, comme le dit M. Vallet, elle le « séduisit [4], » et je croirais plutôt que cette union singulière eut lieu par la volonté ou l'influence de la maison de Luxembourg, car elle ne fut pas heureuse. On conserva longtemps dans la famille des Armoises le contrat de mariage des deux époux, qui servait encore au XVIIe siècle à étayer des preuves de noblesse et de chevalerie, et qui perpétua jusque-là, ou même plus tard, en Lorraine, l'opinion que Jeanne d'Arc avait laissé une postérité directe [5].

Dès lors, notre aventurière prit le nom de Jeanne des Armoises, qui lui est donné par tous les contemporains. Elle se fixa pour un temps à Metz, dans l'hôtel de son mari, situé devant l'église de Sainte-Ségoleine [6], et, non contente de la position brillante que ses intrigues lui avaient si rapidement value, se mit à dresser de là de nouvelles batteries.

---

[1] *Procès*, t. V, p. 324.
[2] Jacques de Sierk et Raban de Helmstadt. D. Calmet, en rapportant ce trait d'après Jean Nider (*Hist. de Lorraine*, t. II, p. 906), l'a attribué par mégarde à une nouvelle Pucelle, différente de celle-ci, dont il parle cependant plus haut (*Ibid.*, p. 703).
[3] *Procès*, t. V, p. 325. Cf. la *Chronique du doyen de Saint-Thibaud* (*Ibid.*, p. 324).
[4] *Hist. de Charles VII*, t. II, p. 368.
[5] V. D. Calmet, *Hist. de Lorraine*, t. II, p. 703.
[6] *Chronique du doyen de Saint-Thibaud* (*Procès*, t. V, p. 323).

Pendant qu'elle écrivait elle-même, par deux fois, aux bourgeois d'Orléans [1], Jean du Lys travaillait de son côté à la faire reconnaître, et venait dans ce but, au mois d'août 1436, trouver le roi en Touraine, où il était occupé aux fiançailles d'Yolande, sa fille, avec le prince Amédée de Savoie [2]. Charles VII paraît l'avoir bien reçu, sans cependant ajouter foi à la résurrection de sa sœur. Il lui fit ordonnancer une somme de cent francs; mais, n'ayant pu en toucher que la cinquième partie, Jean revint jusqu'à Orléans, où lui et les siens étaient en grand honneur, et il exposa aux officiers de la ville qu'il était très-embarrassé; que, sur les vingt francs qu'il avait reçus, il en avait déjà dépensé douze; « que huit francs étaient peu de chose pour s'en retourner, » accompagné, comme il l'était, de quatre cavaliers. Les magistrats généreux lui firent délivrer douze livres tournois [3], et de plus le régalèrent splendidement [4]. Il est curieux d'observer que la ville d'Orléans, tandis qu'elle acceptait pour authentiques et mentionnait comme telles dans ses comptes les lettres de la Pucelle écrites par la dame des Armoises, et qu'elle expédiait à celle-ci des réponses par messagers [5], n'en célébrait pas moins les anniversaires et les offices funèbres de « feue Jehanne la Pucelle [6]. » L'opinion des habitants était donc vraisemblablement divisée au sujet de la réapparition de leur libératrice et de la véracité des étonnantes nouvelles apportées par son frère.

Durant le voyage de ce dernier, Jeanne des Armoises écrit

---

[1] « A Pierre Baratin et Jehan Bombachelier, pour bailler à Fleur-de-Lilz, le jeudi veille de saint Lorens, ixᵉ jour du moys d'aoust, pour don à lui fait, pour ce qu'il avoit aportées lectres à la ville de par *Jehanne la Pucelle*; pour ce, 48 s. p. » «.... A Regnault Brune, le xxvᵉ jour du dict moys, pour faire boire ung messagier qui apportoit lectres de *Jehanne la Pucelle*, etc. » *Comptes de la ville d'Orléans* (Procès, t. V, p. 326).

[2] Vallet, *Hist. de Charles VII*, t. II, p. 376, note.

[3] *Ibid.*

[4] « Le vᵉ jour d'aoust mccccxxxvi, à matin, pour dix pintes et choppine de vin prises chez Jehan Hatte, au pris de 10 d. p. la pinte, données et présentées à Jehan, frère de la Pucelle; pour ce, 8 s. 9 d. p.

« A Berthault Fournier, poulailler, pour douze poulez, douze pigeons, deux oisons et deux levras, donnez et présentez audit frère de la Pucelle...; pour ce, 38 s. p. » *Comptes de la ville d'Orléans* (Procès, t. V, p. 275).

[5] *Comptes de la ville d'Orléans* (*Ibid.*, p. 326, 327). V. note 1, ci-dessus.

[6] *Ibid.*, p. 274. Il est fait mention de ces services dans les comptes municipaux de cette année même 1436, et dans ceux de l'année 1439, où la fraude de Jeanne des Armoises n'était pas encore découverte. Il fut supprimé ensuite.

J. D.*

de son côté au roi, et remet sa lettre au poursuivant d'armes *Cœur-de-Lis*, qui lui a apporté la réponse des gens d'Orléans. Ce courrier est de retour le 2 septembre et repart immédiatement pour Loches, où, sept jours après, il dépose son message entre les mains de Charles VII [1]. Il est regrettable pour nous de ne pas connaître le contenu de toutes ces dépêches ni l'objet précis de tant de démarches pressantes, qui était sans doute, avant tout, d'obtenir une audience royale. A cette époque, d'après les mêmes comptes municipaux, la fausse Pucelle était revenue momentanément à Arlon [2]. Nous la retrouvons le 7 novembre à Metz ou aux environs, vendant, de concert avec son mari, à Colard de Failly, écuyer de Marville, sa part de la seigneurie d'Haraucourt [3]. Elle est qualifiée, dans cet acte public, « Jehanne du Lys, la Pucelle de France, dame de Thichiemont [4]. » Aux sceaux des contractants sont joints ceux de Jean de Thonne-le-Thil, seigneur de Villette, et de Saubelet de Dun, prévôt de Marville, leurs « très-chers et grans amis. »

Quelque temps après, s'il faut s'en rapporter à l'inquisiteur allemand cité plus haut, la dame des Armoises, oubliant toute retenue et compromettant à plaisir sa cause, aurait quitté la maison conjugale pour vivre en concubinage avec un clerc de Metz ; « ce qui démontra manifestement la nature de l'esprit qui l'inspirait [5]. » Elle n'abandonna pas pour cela ses prétentions et ne perdit point tous ses partisans. Bien qu'elle fasse moins parler d'elle les deux années suivantes, il paraît que, dans cet intervalle, elle passa en Italie, sous prétexte d'aller chercher l'absolution du pape pour un cas réservé, « comme de main mise sur son père ou mère, prestre ou clerc, violentement. » On lui reprocha plus tard « que, pour garder son honneur, comme elle disoit, elle avoit frappé sa mère par mésaventure, comme elle cuidoit férir un autre, et pour ce qu'elle eust bien eschevé sa mère, se n'eust esté la grande ire où elle estoit (car sa mère la tenoit, pour ce qu'elle vouloit battre une sienne commère) ; pour ceste cause lui convenoit aller à Rome [6]. »

---

[1] *Comptes de la ville d'Orléans* (*Procès*, t. V, p. 327).
[2] *Ibid.*
[3] D. Calmet, *Hist. de Lorraine*, t. III, p. cxcv ; *Procès*, t. V, p. 328.
[4] Tichemont (Moselle), dont son mari lui avait sans doute donné la seigneurie.
[5] *Procès*, t. V, p. 325.
[6] *Journal de Paris* (*Ibid.*, p. 335). Ce passage est obscur dans le texte repro-

Ce qu'elle voulait surtout, en émigrant, c'était de se dérober pour un temps aux inquisitions et à la défiance excitée par sa conduite. Pouvait-elle, en effet, se flatter d'abuser le Saint-Père en personne? Elle ne semble pas l'avoir essayé ; mais, ayant pris goût au métier des armes et à l'habit militaire, elle se contenta de s'enrôler au service d'Eugène IV dans la guerre qu'il avait alors à soutenir contre des princes italiens et contre ses sujets révoltés [1].

Jeanne reparaît sur la scène au mois de juillet 1439, et y fait une rentrée triomphale. Depuis combien de temps était-elle de retour en France, et par quels stratagèmes avait-elle raffermi sa fortune chancelante? Ce qu'il y a de certain, c'est que nous la revoyons alors à Orléans, choyée, fêtée, récompensée par le conseil de ville, comme s'il ne s'élevait plus sur son identité l'ombre d'un doute. Le 18, le 29, le 30 juillet, on lui offre des banquets où ne sont épargnés ni les vins, ni les viandes [2]. Le 1er août, dîner d'adieu, accompagné d'un don de deux cent dix livres parisis, « octroyées à Jehanne d'Armoises par délibéracion faicte avecques le conseil de la ville, et pour le bien qu'elle a faict à la dicte ville durant le siége [3]. » Son départ d'Orléans fut assez précipité ; car on avait encore commandé en son honneur huit pintes de vin, qui arrivèrent trop tard et dont on fit profiter un sieur Jean Luillier, sans doute le marchand drapier de ce nom qui avait jadis habillé la Pucelle par les ordres du duc Charles [4].

Après une nouvelle apparition, le 4 septembre, dans cette ville où elle était si bien reçue [5], Jeanne se dirigea vers la Touraine. Dans le courant du mois, le bailli de cette province écrit à son sujet une lettre à Charles VII, et elle y joint elle-

---

duit par M. Quicherat ; mais une autre rédaction, qu'il cite en note, donne un sens plus clair et me permet d'établir ainsi l'ordre des faits.

[1] *Journal de Paris (Ibid.).*
[2] « A Jacquet Leprestre, le xviiie jour de juillet, pour dix pintes et choppine de vin présentées à dame Jehanne des Armoises ; pour ce, 14 s. p. — A lui, le xxixe jour de juillet, pour dix pintes et choppine de vin présentées à ma dicte dame Jehanne ; pour ce, 14 s. p. — A lui, le pénultième jour de juillet, pour viande achatée de Perrin Basin, présent Pierre Sevin, pour présenter à madame Jehanne des Armoises ; pour ce, 40 s. p. » Etc. *Comptes de la ville d'Orléans (Procès,* t. V, p. 331).
[3] *Ibid.*
[4] *Ibid.,* p. 331. Cf. *ibid.,* p. 112.
[5] *Ibid.,* p. 332.

même une nouvelle supplique ; toutes les deux sont portées par le même courrier à Orléans, où le roi s'était arrêté en revenant de visiter sa capitale reconquise et se préparait à réunir les États-Généraux. Jeanne espérait que les amis qu'elle avait laissés là prendraient ses intérêts, appuieraient sa démarche, ou, tout au moins, témoigneraient en sa faveur auprès du prince. Mais l'article des comptes de la ville de Tours où est mentionné ce double message ne parle pas, comme l'a compris par inadvertance M. Vallet, d'une correspondance échangée entre le bailli et l'aventurière [1].

Le même historien, après avoir rapporté sommairement les faits qui précèdent, place avant la réception de la dame des Armoises à Orléans, et vers le mois de juin, certains exploits par lesquels elle se serait signalée en Poitou, puis dans une expédition contre la ville du Mans, avec le titre de « capitaine de gens d'armes » et le concours d'un gentilhomme gascon, son lieutenant [2]. L'acte où sont puisés ces renseignements est une lettre de rémission accordée par le roi, en juin 1441, au gentilhomme en question, Jean de Siquenville, coupable d'avoir *appati* ou rançonné plusieurs villages d'Anjou et de Poitou. D'après sa teneur, le trop fameux Gilles de Rais, conseiller du roi, maréchal de France, avait donné à ce personnage, deux ans avant *ou environ*, la charge et gouvernement des gens de guerre « que avoit lors une appelée Jehanne, qui se disoit Pucelle, » disant qu'il voulait marcher contre Le Mans, « et que, s'il prenoit le dit Mans, qu'il en seroit cappitaine [3]. » Cette dernière promesse s'appliquait évidemment au suppliant, Jean de Siquenville, et rien n'indique expressément que Jeanne ait eu une capitainerie, ni que l'écuyer de Gilles de Rais ait été son lieutenant. Il semble plutôt qu'il fut installé en son lieu et place à la tête d'une troupe de partisans qui battaient la campagne à la faveur du désordre auquel ces malheureuses contrées étaient en proie. Une guerre civile, prélude

---

[1] *Hist. de Charles VII*, t. II, p. 368. Voici cet article : « A Jehan Drouart, la somme de 60 s. t. pour ung voiage qu'il a fait pour, en ce présent moys, estre allé à Orléans porter lettres clouses que M. le bailli [de Touraine] rescripvoit au roy nostre sire, touchant le fait de damme Jehanne des Armaises, et unes lettres que ladite damme Jehanne rescripvoit *audit seigneur*. » (*Procès*, t. V, p. 332.)

[2] *Hist. de Charles VII*, t. II, p. 368 et 369.

[3] Archives nat., J 176, cote 84. Quicherat, *Procès*, t. V p. 332.

de la Praguerie, remarque M. Vallet, venait d'y éclater. Des combats isolés, le pillage, la rapine offraient à l'héroïne une spéculation facile et digne d'elle ; elle joua tout au plus le rôle d'un chef de bande, comme l'écuyer gascon qui lui fut substitué et que le dauphin Louis fut obligé d'emprisonner au château de Montaigu [1]. Le fait même de son remplacement par un pareil *condottiere* témoignerait peu en sa faveur ; mais s'être trouvée en relations avec un scélérat comme le maréchal de Rais, avoir partagé peut-être un moment ses bonnes grâces et tenu de lui un emploi quelconque (ce qui est assez vraisemblable si l'on se souvient qu'elle s'était mêlée de magie à Cologne, et que cet homme infâme faisait venir des régions lointaines tous les nécromanciens dont il entendait parler), ce sont là des circonstances aggravantes, propres à jeter sur elle une lueur presque sinistre.

Quant à la date de ces exploits, on voit que la lettre de rémission ne précise rien et m'autorise à les rejeter après le séjour de la dame des Armoises à Orléans et en Touraine, ce qui forme un itinéraire bien plus naturel, à une époque où les voyages n'étaient ni rapides ni commodes. Jeanne ne prit point part non plus à l'expédition (totalement ignorée du reste) entreprise par Gilles de Rais contre Le Mans. Les textes qui font mention d'une *Pucelle du Mans* ont rapport à une autre femme, Jeanne la Féronne, magicienne qui fit aussi beaucoup de dupes et finit par être condamnée au pilori par son évêque. Celle-là ne se donnait pas pour l'héroïne d'Orléans, mais se prétendait simplement inspirée comme elle, et ne paraît pas avoir porté les armes. Elle surgit, d'ailleurs, vingt ans plus tard [2].

C'est ici qu'il faudrait placer, si elle était authentique, une opération militaire plus importante conduite par Jeanne des Armoises, et qui aurait eu pour résultat de rendre aux Français la possession de La Rochelle. Un biographe espagnol

---

[1] Même pièce. *Procès*, t. V, p. 333.
[2] M. Vallet, dans une note rectificative placée à la fin de son second volume (p. 456-458), rétablit la distinction entre les deux personnages ; mais il semble croire encore que Claude ou Jeanne des Armoises fut mêlée à une expédition du Mans, sans autre autorité que la lettre de rémission obtenue par Jean de Siquenville. M. Wallon (*Jeanne d'Arc*, loc. cit.) a interprété les textes comme M. Vallet.

contemporain raconte que la Pucelle de France aurait écrit au roi de Castille, don Enrique IV, pour le prier d'envoyer à Charles VII, conformément à l'alliance qui les unissait, un secours naval. Elle lui aurait même dépêché des ambassadeurs en attendant ceux du roi, et par eux aurait obtenu le départ immédiat de vingt-cinq navires et cinq caravelles, chargées, par les soins du connétable Alvaro de Luna, des troupes les plus aguerries. Avec ce renfort, Jeanne se serait rendue maîtresse du port et de la ville, et aurait même remporté d'autres victoires des plus glorieuses pour l'armée castillane, « *como par la coronica de la Poncela se podra bien ver* [1]. » Quelle est cette chronique? Personne ne l'a retrouvée, et aucun témoignage ne vient se joindre à celui de l'historien d'Alvaro de Luna, bien qu'il affirme que son héros montrait comme une relique la lettre de la prétendue Pucelle. Sans rejeter complétement son récit, il faut au moins, comme le pense M. Quicherat[2], le rapporter à une autre ville. La Rochelle ne paraît pas avoir échappé, à cette époque, à la domination française. En 1429, Charles VII annonçait à ses habitants la délivrance d'Orléans, et ils en accueillaient la nouvelle avec de solennelles démonstrations de joie[3]. Un peu auparavant, le malheureux prince dépossédé projetait d'aller leur demander asile[4]. Bien plus, l'année même que l'écrivain espagnol désigne comme la date de l'ambassade reçue par don Enrique (1436), Marguerite d'Écosse, fiancée du Dauphin, débarquait dans leur port. Il est vrai que des croiseurs anglais la poursuivirent, et que l'entrée de la rade leur fut fermée à temps par des auxiliaires castillans. Peut-être ce fait dénaturé servit-il de thème à l'anecdote qui nous occupe. Mais, en tout cas, Jeanne des Armoises n'a pu y jouer aucun rôle, puisqu'à ce moment elle commençait à peine à se faire connaître et se trouvait, comme on l'a vu plus haut, en Lorraine ou dans le duché de Luxembourg. Ou il s'agit d'une démarche ignorée, tentée à une époque antérieure par la vraie Pucelle (qui envoyait volontiers des missives analogues), ou, s'il est réellement question de la fausse, son action

---

[1] *Chronique du connétable de Luna*. Madrid, 1784, in-4°, p. 131 ; *Procès*, t. V, p. 329.
[2] *Procès, ibid.*, note.
[3] Arcère, *Hist. de La Rochelle*, t. I, p. 271 ; *Procès*, t. V, p. 104.
[4] Chronique du religieux de Dunfermling ; *ibid.*, p. 340.

eut un autre théâtre et doit avoir une autre date. Comme elle guerroyait en 1439 dans une province voisine, en Poitou, c'est alors et c'est là qu'elle put s'emparer de quelque place forte, à l'aide d'une fraction des troupes espagnoles demeurée dans le pays.

Quoi qu'il en soit, sa renommée grandit ; car, l'année suivante, au mois d'août, les événements militaires ou tout autre motif l'ayant ramenée aux environs de la capitale, « la grande erreur commença de croire fermement que c'estoit la Pucelle ; et pour ceste cause, l'Université et le Parlement la firent venir à Paris bon gré mal gré [1]. » Les Parisiens, durant l'occupation anglaise, n'avaient ni bien connu ni bien jugé l'héroïne d'Orléans. A plus forte raison devaient-ils être mal disposés envers celle qui usurpait son nom et sa qualité. Elle-même sentit qu'elle ne ferait point d'adeptes parmi eux ; aussi l'on conçoit qu'elle ne se soit pas montrée plus tôt dans la grande ville, et qu'elle n'y soit venue que par contrainte. Elle y eut simplement un succès de curiosité. Les redoutables théologiens de la Sorbonne lui posèrent mille objections. Exhibée au peuple dans la grande cour du Palais, sur la pierre de marbre, elle fut *prêchée* sans ménagement. On lui reprocha de n'être point pucelle, d'avoir été mariée à un chevalier dont elle avait eu deux fils, d'avoir commis une violence sacrilège qui l'avait forcée d'aller demander l'absolution à Rome, d'avoir fait en Italie le métier de soudoyer, d'avoir été par deux fois homicide en combattant. Les particularités de son existence dévoilées ainsi au grand jour, non probablement sans enquête préalable, elle n'avait plus rien de bon à attendre des Parisiens. Encore dut-elle s'estimer heureuse de sauver une fois de plus sa liberté. Elle s'échappa et retourna en guerre [2].

Malgré un aussi grave échec, ni elle ni ses fauteurs ne se tinrent pour battus. Le bruit même qui s'éleva autour de cette nouvelle affaire les servit. Le roi, si longtemps sourd aux sollicitations et aux échos de la renommée, se laissa tenter par la curiosité : il voulut voir de ses yeux cette soi-disant ressuscitée, afin de faire tomber définitivement, s'il y avait lieu, un masque imposteur, ou, dans le cas contraire, d'utiliser le se-

---

[1] *Journal de Paris; Procès*, t. V, p. 335.
[2] *Ibid.*

cours de la Pucelle dans la guerre qu'il venait de reprendre activement. Il donna donc des ordres pour qu'elle lui fût amenée.

C'est ce que Jeanne demandait depuis longtemps. L'heure décisive était arrivée ; elle touchait au Capitole... ou à la roche Tarpéienne. Comptant des amis jusque dans l'entourage de Charles VII, elle apprit facilement son rôle : on la prévint que le roi était blessé à une jambe et qu'il portait une « botte fauve; » il n'y avait donc pas à se méprendre sur sa personne, s'il renouvelait l'épreuve tentée autrefois sur la vraie Pucelle, lors de sa première apparition à la cour. Charles, en effet, ne manqua pas de recourir à cette pierre de touche, qui lui avait si bien réussi.

Le moment de l'audience venu, il se retire sous une grande treille, au fond d'un jardin, et commande à un de ses gentilshommes de s'avancer à la rencontre de la dame aussitôt qu'elle se présentera, comme s'il était le roi. Jeanne arrive, et, ne reconnaissant pas sur celui qui l'aborde le signe indiqué, passe outre. Elle découvre le prince, et va droit à lui.

Charles demeure « esbahi, » et ne sait que penser. Mais bientôt, subitement inspiré, il la salue d'un air courtois et lui dit : « Pucelle, ma mie, soyez la très-bien revenue, au nom de Dieu qui connaît le secret qui est entre vous et moi ! »

A ce mot, la malheureuse, ignorant totalement ce dont le roi veut parler, reste à son tour interdite. Puis soudain elle tombe à genoux en demandant grâce, elle s'accuse et confesse toute la trahison. L'intrigue est déjouée. C'est une chute piteuse, un dénouement brusqué, — et miraculeux, ajoute le narrateur de la scène.

Ce narrateur, Pierre Sala, fut successivement attaché à la maison de Louis XI, de Charles VIII et de Louis XII ; il tenait tout le récit de l'entrevue de la bouche du sire de Boisy, chambellan et confident favori de Charles VII lui-même. Il donne le fait comme postérieur de dix ans à la mort de Jeanne d'Arc, ce qui le met, par conséquent, en 1441 [1]. Si l'on observe

---

[1] V. Quicherat, *Procès*, t. IV, p. 281. Dans le troisième volume de son *Histoire de Charles VII* (p. 424), M. Vallet de Viriville, estimant que Pierre Sala devait s'être trompé de date, fait rapporter son récit à Jeanne la Féronne, la Pucelle du Mans, condamnée en 1461, vingt ans plus tard, et emprisonnée à Tours. Mais on ne saurait admettre un écart de vingt ans dans la mémoire

que les termes de la rémission obtenue par Jean de Siquenville, au mois de juin de cette même année, supposent déjà la fourberie officiellement dévoilée [1], l'événement dut avoir lieu du mois de janvier au mois de mai. A cette époque, le roi tint assez longtemps la campagne aux environs de Paris, et fit notamment le siége de Creil [2]. Or, Jeanne des Armoises venait, comme on l'a vu, de quitter la capitale pour reprendre les armes. La comédie se dénoua donc, selon toute apparence, dans quelque localité du voisinage : elle avait duré cinq années.

Ici se perdait la trace de la prétendue Pucelle. Quelles furent les conséquences de sa criminelle entreprise? Fut-elle condamnée ou renvoyée libre? Pierre Sala ajoute bien que plusieurs de ses complices, dont il ne désigne pas les noms, furent découverts et « justiciés très-asprement, comme en tel cas appartenoit [3]. » Mais il se tait sur le sort de la principale coupable, et rien jusqu'ici n'était venu le révéler : car le texte sur lequel on a pu s'appuyer pour lui faire finir ses jours dans les derniers désordres, et à la tête d'une maison de débauche, est un de ceux qui s'appliquent, comme je l'ai dit, à Jeanne la Féronne; il émane, d'ailleurs, d'un écrivain postérieur et plus que suspect, suivant la juste critique de M. Quicherat [4].

Le hasard a voulu dernièrement que je découvrisse, en fai-

---

même d'un vieillard sans quelque raison probante : or, ce n'en est pas une que le mal de jambe dont le roi souffrait *à peu près* vers la même époque (en 1459), et d'où M. Vallet tire un synchronisme un peu forcé. Du reste, Jeanne la Féronne s'étant donnée, non pas pour Jeanne d'Arc ressuscitée, mais seulement comme une autre vierge inspirée, le texte de Sala lui semble inapplicable de tout point. Le savant historien a donc été moins heureux qu'ailleurs en s'efforçant de « rectifier et de compléter » ce qu'il avait dit plus haut sur les *fausses pucelles*; car, après avoir, dans la note spéciale ajoutée à la fin de son second volume, rétabli la distinction entre la dame des Armoises et la Féronne, il rétablit, dans son troisième, la confusion.

[1] « Une appelée Jehanne, qui se disoit Pucelle, » etc. V. ci-dessus, p. 12.
[2] *Hist. de Charles VII*, t. II, p. 425.
[3] *Procès*, t. IV, p. 281.
[4] « Il a bien esté depuis une faulcement surnommée Pucelle, *du Mans*, ypocrite, ydolatre,... qui, selon son misérable estat, essaya à faire autant de maulx que Jehanne la Pucelle avoit fait de biens. Après sa chimérale, ficte et mensongière dévotion..., comme vraye archipaillarde, tint lieux publiques. » *Livre des Femmes célèbres*, composé en 1504 par Antoine Dufaur. Ce texte a été néanmoins inséré par l'éditeur du *Procès* au nombre des pièces relatives à Jeanne des Armoises (t. V, p. 336). Cf. *Hist. de Charles VII*, t. II, p. 370 et 458; et *Jeanne d'Arc*, par M. Wallon, t. II, p. 299.

sant des recherches sur le roi René, une pièce intéressante qui fournit l'épilogue de cette histoire romanesque. C'est une rémission accordée par ce prince à la dame des Armoises elle-même, au mois de février 1457 (1456 suivant l'ancien style). Bien que le nom de l'impétrante soit écrit *Jehanne de Sermaises*, et plus loin *Jehanne de Sarmoises*, il n'y a pas à hésiter sur l'identité du personnage ; car le texte est une copie ou un enregistrement fait à la même époque par la Chambre des comptes d'Angers, circonstance qui explique suffisamment un déplacement de lettre aussi commun [1]. Et d'ailleurs l'acte dit en propres termes que cette femme « s'estoit fait appeler par long temps Jehanne la Pucelle, en abusant et faisant abuser plusieurs personnes qui autres foiz avoient veu la Pucelle qui fut à lever le siège d'Orléans contre les anxiens ennemis de ce royaulme. » La teneur nous apprend ou nous donne à entendre les faits suivants.

Aucune poursuite juridique n'eut lieu contre Jeanne : selon toute apparence, le roi lui avait accordé, en considération de ses aveux sincères, le pardon qu'elle implorait, et s'était contenté de l'éloigner. Mais, l'habitude étant devenue pour elle comme une seconde nature, elle avait continué à faire la guerre, vêtue d'habits d'homme, et à mener la vie errante des soudoyers, quoique ses prétentions et son prestige eussent disparu [2]. Elle ne pouvait d'ailleurs retourner ni à Metz, où elle n'aurait plus rencontré qu'une hostilité trop légitime, ni dans le duché de Luxembourg, où sa protectrice ne régnait plus. Aussi revint-elle au pays d'Anjou, théâtre de ses anciens exploits. Devenue veuve de son premier mari [3], elle finit par épouser un angevin de condition obscure, du nom de Jean Douillet, sans qualité désignée. Toutefois, ni le mariage ni les années ne refroidirent son humeur belliqueuse. Elle trouva

---

[1] On trouve dans la plupart des autres documents la leçon *des Hermoises* ou *des Harmoises*.

[2] Observons toutefois qu'elle conserva des partisans quand même, puisque le doyen de Saint-Thibaud, en 1445, n'était pas encore désabusé et que l'on continua fort longtemps de croire, en Lorraine, au mariage et à la postérité de la Pucelle.

[3] Elle l'était sans doute déjà en 1440 ; car il lui fut reproché alors, à Paris, *d'avoir été* mariée (V. plus haut). D. Calmet, qui donne la généalogie de la famille des Armoises et qui mentionne le mari de Jeanne (*Hist. de Lorraine*, 2e édition, t. V), n'indique pas l'époque de sa mort.

moyen de se faire de nouveaux ennemis, entre autres la dame de Saumoussay [1] et sa famille, avec lesquelles elle eut des relations dont la nature n'est pas indiquée, mais dont les suites l'amenèrent dans les prisons de Saumur. Elle y resta trois mois, sans que les officiers du roi de Sicile, duc d'Anjou, pussent relever contre elle d'autre charge précise que de s'être fait longtemps passer pour la Pucelle. Relâchée enfin, elle fut bannie de la ville de Saumur et de toute la province, avec défense « d'y entrer ni converser en aucune manière. »

C'est cette condamnation qui fait l'objet de la rémission octroyée par le roi René. Ce prince se trouvait alors en son château d'Angers : il put voir et juger lui-même la coupable, qui recourut à sa clémence bien connue. Il paraît que certains personnages s'intéressaient encore à elle et plaidèrent sa cause auprès du duc d'Anjou. Celui-ci les écouta favorablement ; mais, en accordant la remise de toute peine à la suppliante, il apporte à cette faveur des restrictions qui trahissent un reste de défiance. Il ne lui rend la faculté de circuler et de séjourner dans le pays d'Anjou que pour cinq ans à dater du jour de la rémission, se réservant sans doute de prolonger l'autorisation au bout de ce délai, s'il n'y a pas d'inconvénient. De plus, il y met cette condition expresse, que ladite dame se comportera d'une façon honnête, « tant en habits qu'autrement, ainsi qu'il appartient à une femme de faire. » Moyennant quoi, le sénéchal d'Anjou et tous les autres officiers de justice devront lui laisser pleine et entière liberté [2].

---

[1] Sans doute Chaumussay (Indre-et-Loire).
[2] Voici le texte intégral de la lettre de rémission :

« René, par la grace de Dieu, roy de Jherusalem et de Sicille, duc d'Anjou, per de France et duc de Bar, comte de Prouvance, de Fourcalquier et de Pimont, à touz ceulx qui ces présentes lectres verront, salut.

« Humble supplication de Jehanne de Sermaises [*sic* pour *des Ermaises*], à présent femme de Jehan Douillet, avons receue, contenant que, par hayne que ont conceu contre elle aucuns des parans de la damme de Saumoussay, à leur prochaz ou autrement, elle a esté mise en noz prisons de Saumur et ilocq détenue par l'espace de troys moys ou environ ; et luy a esté imposé par aucuns noz officiers au dit lieu de Saumur qu'elle s'estoit fait appeller par long temps Jehanne la Pucelle, en abusant et faisant abuser plusieurs personnes qui autres foiz avoient veu la Pucelle qui fut à lever le siège d'Orléans contre les anxiens ennemis de ce royaulme ; et à celle occasion, jassoit ce qu'il n'y ait eu autre charge contre elle, a esté par nos officiers du dit lieu de Saumur bannie de nostre dit pays d'Anjou et deffendu de n'y entrer ne converser en aucune manière ; par le moyen duquel bannissement la dite suppliante ne ouse aller ne venir en nostre dite ville de Saumur, pour doubte

L'injonction faite à Jeanne des Armoises par le roi René mit une fin forcée à sa vie d'aventures. Le costume et le métier militaires lui étaient désormais interdits formellement. Du reste, elle devait avoir alors environ quarante-cinq ans : il était grand temps pour elle de renoncer à une existence aussi peu honorable que fatigante. Il ne lui restait plus qu'à ensevelir dans l'oubli les traces de sa longue et téméraire supercherie : laissons, à notre tour, au reste de sa carrière le bénéfice de l'obscurité. Par un juste retour de la fortune, au moment même où elle rentrait définitivement dans l'ombre, la figure de la véritable héroïne, éclairée par une réhabilitation tardive, revenait au grand jour de la vérité et de la gloire.

En somme, qu'y a-t-il au fond de toute cette affaire, et comment l'histoire doit-elle la juger ? Il est difficile d'admettre qu'une jeune fille ait seule conçu et exécuté le plan d'une pareille mystification. Une ressemblance étonnante et fortuite peut lui en avoir suggéré l'idée. Mais il s'est au moins trouvé, pour l'exploiter, un concours d'ambitions et d'intérêts étrangers. Une intrigante, réduite à elle-même, eût échoué dès les premiers pas. Au lieu de cela, elle rencontre des appuis de

d'offenser contre nous et nostre justice; requérant humblement que, actendu qu'elle ne fut onques actainte d'aucun autre villain cas, blasme ou reprouche, nous lui voulussions donner et octroyer congé et lixance d'aller, venir et séjourner par tout nostre dit pays d'Anjou comme elle eust fait ou peu faire paravent le dit bannissement, et lui impartir nostre grace et miséricorde sur ce.

« Savoir faisons que nous, ayans considéracion aux choses dessus dites, mesmement à la requeste d'aucuns qui de ce nous ont supplyé et requis, avons voulu et consenti, voulons et consentons et nous plaist que la dite Jehanne puisse aller et venir par tout nostre dit pays d'Anjou et où bon lui semblera, non obstant le dit bannissement, jusques à cinq ans à compter du jour et dabte de ces présentes, sans ce que en ce lui soit donné aucun destourbier ou empeschement, pourveu toutesvoys que doresenavant elle se portera honestement tant en abiz que autrement, ainsi qu'il appartient à une femme de faire.

« Si donnons en mandement par ces dites présentes à nostre très cher et féal conseiller et premier chambellan le senneschal de nostre dit pays d'Anjou, ou à ses lieuxtenans en nostre dit pays d'Anjou, et à touz noz autres justiciers et officiers et subgez, et à chacun d'eulx, que la dite Jehanne de Sarmaises [sic pour des Armaises] facent, seuffrent et laissent joïr et user de ces présentes selon leur forme et teneur le dit temps durant, sans en ce lui donner ne souffrir estre fait, mis et donné empeschement en aucune manière. Et affin que ce soit chose ferme et estable, nous avons faict mectre et apposer notre scel à ces dites présentes.

« Donné en nostre chastel d'Angiers, le ... jour de février, l'an de grace mil cccc cinquante six » [1457 suivant le nouveau style].

(Archives nationales, P 1334³, cote 10, fol. 199.)

plus en plus puissants, d'abord dans la noblesse, puis dans la famille de Jeanne d'Arc, puis chez des princes souverains, jusqu'à ce qu'elle soit sur le point de séduire le roi lui-même. Les textes qui lui font supposer des fauteurs, des complices, ne nous apprennent rien sur leur qualité ni sur leur mobile. Leur existence n'en est pas moins certaine. Le fil du complot nous échappe : toutefois, si je ne me trompe, on sent sous ce mystère comme une vague odeur de trahison d'origine anglaise ou bourguignonne. La maison de Luxembourg avait des liens étroits avec Henri VI et Philippe le Bon. Jean de Luxembourg, lieutenant de ce dernier, avait détenu longtemps la vraie Pucelle et avait fini par la vendre aux Anglais. Louis de Luxembourg, évêque de Thérouanne, chancelier du roi d'Angleterre, avait trempé dans les négociations relatives à cette vente et même dans le supplice de l'héroïne. Or, c'est une duchesse de Luxembourg, nièce elle-même du duc de Bourgogne, qui la première patronna la fausse Jeanne, qui la fit connaître, qui la lança, s'il m'est permis d'employer une telle expression. Cette coïncidence renfermerait-elle la clef de l'énigme ? Les partisans du monarque anglais pouvaient avoir quelque intérêt à faire croire que le crime de Rouen n'avait pas été consommé, afin d'atténuer la réprobation publique soulevée contre cet attentat ; ou bien ils avaient besoin de rentrer en grâce auprès de Charles VII, devenu le Victorieux, et ils comptaient y parvenir en lui ramenant son palladium perdu. Dans tous les cas, les instigateurs du complot, quels qu'ils fussent, voulaient avoir dans la main un talisman et s'en servir avec habileté pour obtenir l'influence, les honneurs, la richesse [1]. Malheureusement pour eux, l'instrument était mal choisi. Il leur eût fallu, pour tenir un pareil rôle, une maîtresse femme, aussi fine politique que guerrière intrépide : ils n'avaient trouvé qu'une virago vulgaire, qui se laissa étourdir par le succès, entraîner par la licence des camps, et perdit la tête au premier mot du prince à qui elle voulait en imposer. Elle se distingua sans doute en quelques combats ; toutefois, ses hauts faits n'eurent pas l'importance que semble leur attribuer, dans ses *Aperçus*

---

[1] Du vivant même de Jeanne d'Arc, et lorsqu'elle venait à peine d'être prise devant Compiègne, une intrigue avait déjà été ourdie pour la remplacer auprès du roi par un jeune berger, venu des montagnes du Gévaudan, et qui se présentait comme inspiré. V. *Procès*, t. V, p. 169 et suiv.

nouveaux [1], le sagace éditeur du procès de la Pucelle. Me sera-t-il permis de ne pas me ranger non plus à l'avis d'un maître aussi éminent, lorsqu'il assure que l'admiration inspirée par la dame des Armoises contribua beaucoup à raviver le culte et la vénération de Jeanne d'Arc, trop méconnue jusque-là [2] ? Il serait peut-être plus juste de renverser la proposition, et d'affirmer que l'éclat du nom de la Pucelle, qui pour le peuple n'avait pas diminué, rejaillit sur son obscur Sosie, lui donna du prestige et lui créa un parti.

La fausse Jeanne eût plutôt porté préjudice à la mémoire de la vraie ; et c'est ce qui arriva en effet, beaucoup plus tard, par suite d'une nouvelle et curieuse confusion. En 1683, la première version de la chronique du doyen de Saint-Thibaud de Metz, dont j'ai parlé en commençant, fut imprimée seule, pour la première fois, dans le *Mercure galant*. « La publication de ce morceau fit beaucoup de bruit, dit M. Quicherat. Elle donna lieu au paradoxe, plusieurs fois soutenu depuis, que la Pucelle avait échappé au bûcher des Anglais [3]. » Le public, ne connaissant pas le second récit rédigé par le chroniqueur pour rectifier sa méprise, la partagea quelque temps avec autant d'empressement que les contemporains de la dame des Armoises. La chose semblait d'autant plus naturelle, qu'il existait notoirement, en Lorraine, de prétendus descendants de Jeanne d'Arc, affirmant leur illustre origine, l'appuyant même sur un contrat de mariage authentique [4] ; autant de preuves concordantes (c'est ainsi qu'on écrit l'histoire). La couronne du martyre tomba donc de la tête de la Pucelle, et avec elle une large part de l'auréole qui l'entourait. C'est alors que son culte et sa vénération s'amoindrirent ; nous en rencontrons des preuves trop certaines dans le cours du xviiie siècle, déjà si disposé à l'incrédulité envers toutes les grandes merveilles de notre histoire. Bientôt la figure de l'héroïne fut assez environnée d'ombres pour que Voltaire pût concevoir son infâme roman et trouver des lecteurs : résultat

---

[1] *Aperçus nouveaux sur l'histoire de Jeanne d'Arc*. Paris, 1850, in-8°, p. 157.
[2] *Ibid*.
[3] *Procès*, t. V, p. 321.
[4] D. Calmet publiait en 1728 le volume où il mentionne cette curiosité (*Hist. de Lorraine*, 1re édition, t. II, p. 703).

sans doute bien inattendu de l'équipée de notre aventurière. Ce phénomène tenait aussi, j'en conviens, à l'état général des esprits. Mais Voltaire était trop empressé d'adopter les erreurs historiques pour en éviter une pareille, et l'on ne saurait vraiment trop dire s'il ne s'est pas inspiré de la fausse Pucelle plutôt que de la vraie.

www.ingramcontent.com/pod-product-compliance
Lightning Source LLC
Chambersburg PA
CBHW070528050426
42451CB00013B/2903